글 | 이영민
성균관대학교 국어국문학과를 졸업했습니다.
동화 작가들의 모임에서 어린이 책 작가로, 출판사에서 기획편집자로 일했으며
지금은 어린이들의 지식과 정서의 밑바탕이 될 좋은 책을 쓰기 위해 노력하고 있습니다.
쓴 책으로는 <세상을 깜짝 놀라게 한 오천 년 우리 과학>, <옛날 왕들은 똥을 누고 무엇으로 닦았을까?>,
<사라지거나 달라진 우리 옛 직업>, <왜 0등은 없을까?> 등이 있습니다.

그림 | 이은주
서울산업대학교에서 시각디자인을 공부하고 한국일러스트레이션학교에서 그림책을 공부했습니다.
어린이와 어른이 함께 볼 수 있는 행복한 그림을 그리고 있습니다.
그린 책으로는 <행복한 한국사 초등학교 2>, <당금애기> 등이 있습니다.

감수위원 | 유현재
한림대학교 사학과를 졸업하고 서울대학교 대학원에서
조선시대사를 공부하고 있습니다.
현재 서울대학교 규장각한국학연구원 연구원으로 있습니다.

누리 한국사 49 임오군란과 갑신정변
글 이영민 | 그림 이은주 | 감수 유현재 | 펴낸이 김의진 | 기획편집총괄 박서영 | 편집 김빈애 정재은 김한상 | 글 다듬기 박미향 | 디자인 수박나무
제작·영업 도서출판 누리 | 펴낸곳 Yisubook | 주소 경기도 고양시 일산동구 일산로67, 3층 | 고객상담실 080-890-7000
잘못된 책은 바꾸어 드립니다. 이 책에 실린 글이나 그림을 무단으로 복사, 복제, 배포하는 것을 금합니다.
△1. 사람을 향해 던지거나 떨어뜨리지 마십시오. 2. 고온 다습한 장소나 직사광선이 닿는 장소에는 보관하지 마십시오.

임오군란과 갑신정변

글 이영민 그림 이은주

항구를 연 후, 조선에는 어떤 일들이 일어났을까요?

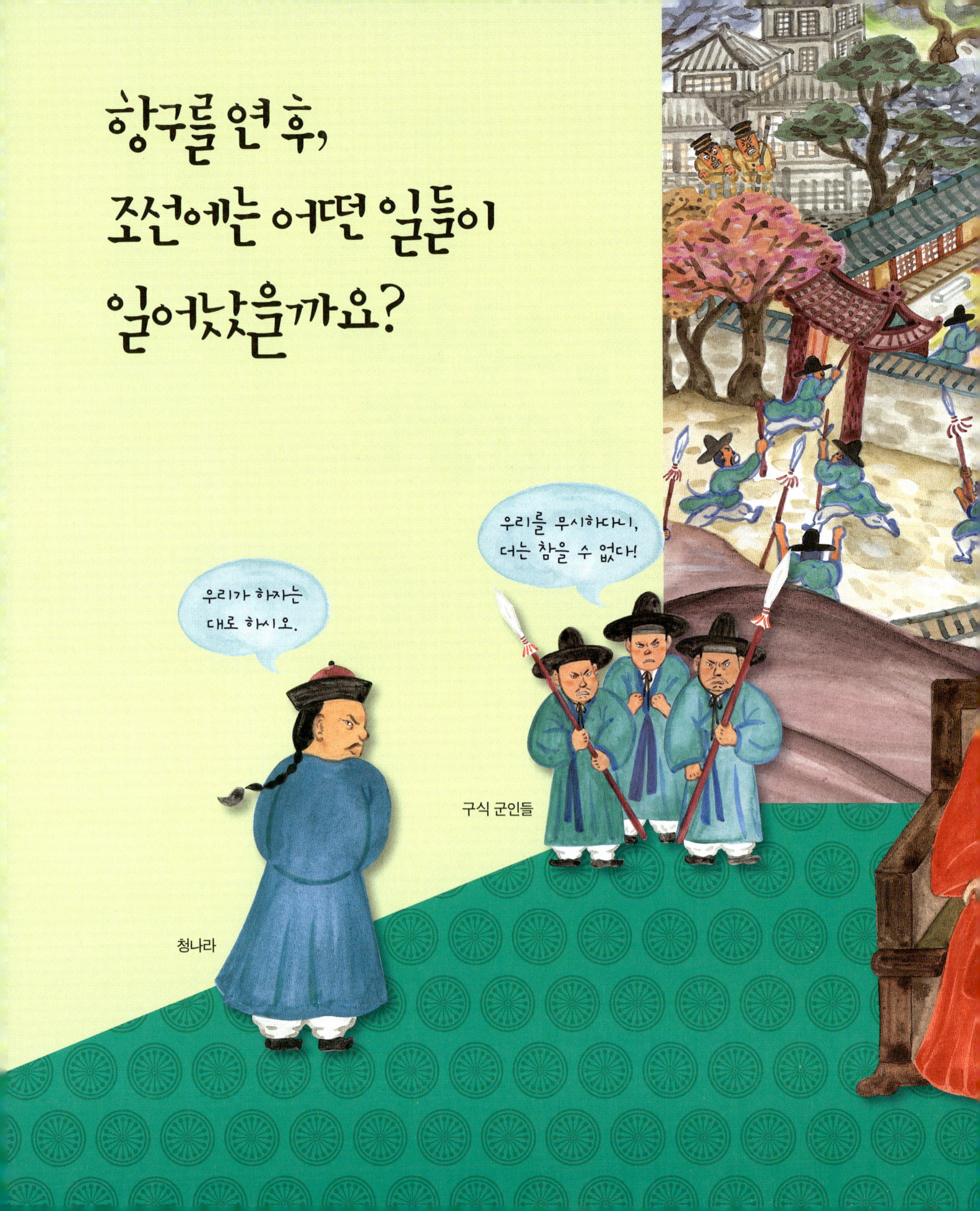

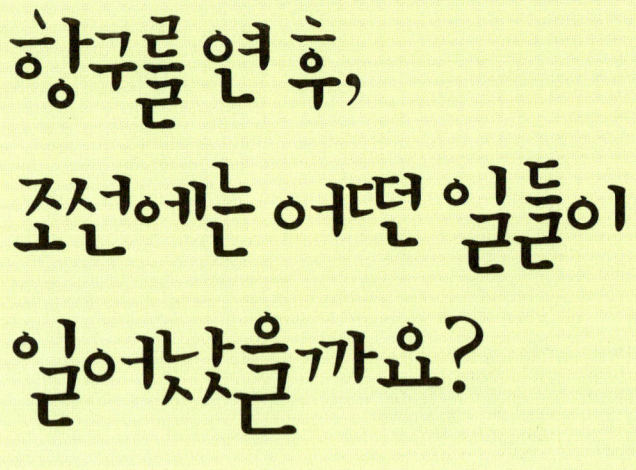

우리가 하자는 대로 하시오.

청나라

우리를 무시하다니, 더는 참을 수 없다!

구식 군인들

"세계 여러 나라에 뒤처지지 않으려면
서양의 문물을 받아들여야 한다."
고종은 항구를 열고 서양 여러 나라와 교역했어요.
조선보다 앞서 서양 문물을 받아들인
청나라와 일본에 관리를 보내기도 했지요.
그들은 앞 다투어 청나라와 일본의 발전된 모습을 전했어요.

"전하, 청나라와 일본의 군대는 우리보다 앞서 있습니다. 서양의 무기를 받아들이고 서양식 군대를 만들었기 때문입니다."
고종은 조선에도 강한 군대가 필요하다고 생각했어요.
그래서 서양의 무기를 갖춘 새로운 군대를 만들라고 했지요.

새로 만들어진 군대는 머리에 갓을 쓴 채 서양식 군복을 입고,
일본에서 만든 긴 총을 들고 일본인 교관에게 훈련을 받았어요.
이들을 별기군이라 불렀어요.
나라에서는 별기군에게 월급을 충분히 주었지요.
별기군을 바라보는 구식 군인들의 눈초리는 곱지 않았어요.
"쳇, 우린 완전히 찬밥 신세군. 이거 원, 서러워서."
"우리는 월급을 쥐꼬리만큼 주면서 별기군은 월급도 많이 준대."
여기저기서 불만이 쏟아졌지요.

구식 군인들의 불만은 날이 갈수록 쌓여 갔어요.
"안 그래도 힘든데 급료를 1년 넘게 밀리면 어떡해?"
"굶어 죽으라는 얘기지. 별기군에 쏟아 붓는 돈 우리도 나눠 주지."
"내일은 밀린 급료를 준다니 하루만 더 기다려 보자고."
구식 군인들은 대부분 가난한 백성이었어요.
군대의 월급만으로는 살기 힘들어 군인들과 그 가족은
채소를 가꾸어 팔며 근근이 먹고살았지요.
그러던 어느 날, 구식 군인들은 밀린 쌀을 받으러 관아로 갔어요.
"이게 뭐야! 쌀에 겨와 모래가 섞여 있잖아!"
"약속했던 것보다 양도 훨씬 적어!"
군인들은 화가 나서 따지기 시작했어요.

담당 관리는 옳지 않다고 따지는 구식 군인들을
포도청에 잡아 가두었어요.
동료 군인들은 담당 관리의 집으로 달려갔어요.
"군인들을 풀어 주시오!"
"밀린 급료를 제대로 주시오!"
그래도 아무 소용이 없자 마침내 폭발하고 말았지요.
군인들은 관리의 집을 부수고,
관아로 쳐들어가 무기를 빼앗았어요.
곧바로 포도청으로 달려가 동료들을 풀어 주었어요.
"우리의 힘을 보여 주자!"
군인들은 관리들의 집을 부수고, 일본 공사관까지 공격했어요.
급기야 고종이 있는 궁궐까지 쳐들어갔어요.

고종은 불만에 가득 찬 구식 군인들을 달랠 길이 없었어요.
다급해진 고종은 흥선 대원군에게 도움을 청했어요.
"모든 권한을 줄 테니 군인들을 진정시켜 주세요."
대원군은 궁궐로 들어왔어요.
"구식 군대에 밀린 급료를 제대로 지급하라."
대원군은 난을 잠재우고는
고종이 서양 문물을 받아들여 새롭게 바꾼 것들을
원래대로 되돌리겠다고 선언했지요.
고종은 마음이 아팠어요.
'조선을 강하고 부유한 나라로 만들기 위한
노력이 모두 물거품이 되는구나.'

청나라에도 이 소식이 전해졌어요.
"고종이 뒤로 물러나고, 대원군이 권력을 휘두른다고?
간신히 열린 조선의 문이 다시 닫히면
우리에게 좋을 게 없지."
청나라는 재빨리 조선으로 군대를 보냈어요.
그리고 책임을 묻는다며 흥선 대원군을 데려갔어요.
궁궐로 돌아온 고종은 다시 서양 문물을 받아들이고
조선을 새롭게 바꾸려 했어요.
하지만 이번에도 뜻대로 되지 않았어요.
청나라가 나랏일에 간섭하기 시작한 거예요.
"아, 이래서야 어찌 조선을
강한 나라로 만든단 말인가?"
조선을 쥐고 흔들려는 청나라 때문에
고종의 한숨은 깊어만 갔어요.

하루빨리 조선을 강하고 발전된 나라로 만들고 싶은
젊은 관리들도 청나라의 간섭을 못마땅하게 여겼어요.
특히 여러 차례 일본을 드나들며
일본의 발전에 감명 받은 김옥균은
일본처럼 남의 나라 간섭을 물리치고
빠르게 변화해 가야 한다고 주장했어요.

"이래서야 조선이 어찌 발전할 수 있겠습니까?
청나라의 간섭에서 벗어날 방도를 찾아야 합니다."
하지만 나이 든 관리들의 생각은 달랐지요.
"나쁘게 생각할 건 없지 않소.
서양 세력이 조선에 피해를 줄지도 모르는 마당에
오히려 청나라가 서양을 막아 주면 좋은 일 아닙니까.
청나라에서 차근차근 기술을 배우고 받아들여도 됩니다."
관리들의 얘기에 김옥균은 가슴이 답답했어요.

김옥균은 몇몇 청년과 회의를 열었어요.
"청나라의 간섭 때문에 조선이 발전하기 어렵습니다."
"마침 청나라가 프랑스와 전쟁하느라 정신이 없으니,
이 기회에 청나라 군대를 내쫓읍시다."
"우리 힘만으로는 어려우니 일본의 도움을 받아야 합니다."
이들은 일본 공사에게 도와주겠다는 약속을 받아 냈어요.
그리하여 일본군의 힘을 빌려 청나라 군대를 막고,
청나라와 친한 관리들을 없앨 계획을 세웠어요.
한편, 조선을 도와주겠다고 나선 일본은
이번 기회에 청나라를 밀어내고 조선을 쥐고 흔들 속셈이었지요.

드디어 일을 벌이기로 한 날이 되었어요.
그날은 조선에 우편 업무를 맡아보는 우정국이
생겨 축하 잔치를 하는 날이었지요.
관리들과 각 나라의 공사들이 우정국에 초대되었어요.
잔치가 한창일 때 우정국 앞 골목에서 불길이 치솟았어요.
이것을 신호로 숨어 있던 자객이 청나라와 친한 관리들을 죽였어요.
김옥균은 궁궐로 달려가 고종에게 청나라 군대가
싸움을 일으켰다고 거짓말을 했어요.
"어서 피하십시오. 일본군이 전하를 지켜 드릴 것입니다."
김옥균은 왕과 왕비를 보호한다며 다른 곳으로 모셨어요.
그리고 일본군에게 지키도록 했지요.

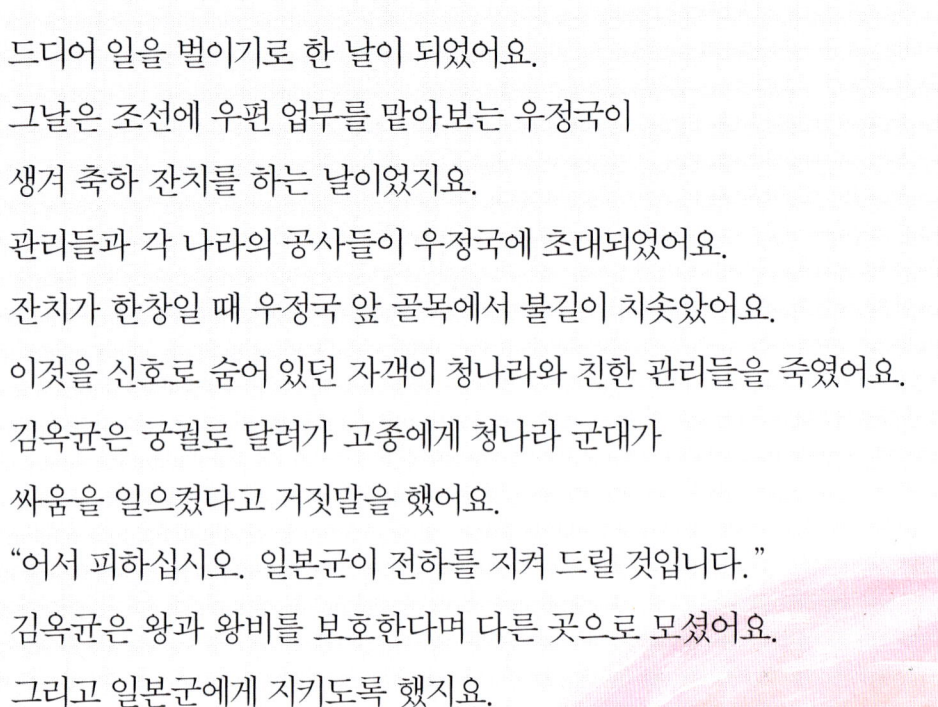

궁궐을 차지한 김옥균과 젊은 관리들은
다음 날 새로운 정부를 세웠어요.
"각 나라의 공사를 궁궐로 불러들이고
새로운 정부가 세워졌음을 모두에게 알려라!"
그리고 자신들이 펼쳐 나갈 새로운 세상에 대한 내용을 발표했어요.
"세금 제도를 고치고, 관리들의 횡포를 뿌리 뽑을 것이다.
신분 제도를 없애고, 관리들은 오직 능력에 따라 뽑을 것이다."

그 사이 왕비는 몰래 청나라에 도움을 청했어요.
"관리들이 일본과 손잡고 궁궐을 차지했다고?"
청나라는 부랴부랴 군대를 보냈지요.
"청나라군이 쳐들어왔습니다. 그 숫자가 너무 많습니다!"
상황이 어려워지자 일본군은 김옥균과의 약속을
저버린 채 앞 다투어 도망갔어요.
김옥균과 젊은 관리들도 일본으로 도망칠 수밖에 없었지요.
"일본군을 믿은 우리가 잘못이다."
"우리가 이루고자 했던 새로운 세상은 3일 만에 끝나 버렸구나!"

김옥균과 젊은 관리들을 몰아낸 청나라는
조선의 일에 사사건건 간섭했어요.
"다른 나라와 교역하고 싶으면
청나라에 보고하고 허락을 받도록 하라."
고종은 아무것도 뜻대로 할 수 없었지요.
'또다시 청나라에 휘둘리게 되었구나.
과연 조선을 자주적인 독립 국가라 할 수 있을까?
이제 이 나라 조선은 어찌 될 것인가?'
고종은 깊은 고민에 빠졌어요.

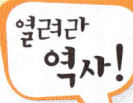

개화파는 무엇을 주장했을까?

갑신정변은 우리나라를 근대 국가로 바꾸려고 한 최초의 개혁 운동이었어요. 갑신정변을 일으킨 개화파는 어떻게 나라를 바꾸려고 했는지 살펴보아요.

❶ 청나라에 조공을 바치지 말자

청나라는 조선을 간섭했어요. 구식 군인들이 난을 일으킨 후에는 간섭이 더 심해졌지요. 개화파는 청나라에 의존하지 않는 자주적인 나라가 되어야 한다고 생각했고, 조공을 바치지 말자고 주장했어요.

❷ 신분 제도를 없애자

양반과 상민을 차별하는 신분 제도는 나라 발전을 가로막았어요. 신분이 낮으면 능력이 있어도 관리가 될 수 없었기 때문이에요. 개화파는 신분 차별을 없애고, 능력에 따라 관리를 뽑자고 주장했지요.

❸ 세금 제도를 바꾸자

개화파는 나라 살림이 넉넉해지려면 세금을 올바르게 잘 거두어야 한다고 생각했어요. 그래서 토지에 매기는 세금 제도를 바꾸고, 세금으로 자기 잇속을 챙겼던 관리들을 벌주자고 주장했지요. 또한 나라 살림도 한곳에서 맡아 관리하자고 했어요.

❹ 왕의 권한을 줄이자

개화파는 나랏일을 임금이 혼자서 좌지우지할 것이 아니라 신하들과 의논하여 함께 결정해야 한다고 생각했어요. 이를 위해 정치 제도를 바꾸자고 했지요. 6조 외에 불필요한 관청을 모두 없애고 내시도 없애자고 했어요. 왕의 권한을 줄이고 신하들의 힘을 키우기 위해서였어요.

❺ 백성을 살피자

개화파는 나라가 안정되려면 백성이 잘살아야 한다고 생각했어요. 백성이 나라에 빚진 것을 없애 주고, 억울한 백성이 없도록 죄인을 다시 조사하여 죄 없는 자는 풀어 주자고 했어요.

갑신정변은 왜 실패했을까?

갑신정변이 실패한 것은 너무 서둘렀기 때문이에요. 일본의 도와주겠다는 약속만 믿고 일을 벌였다가 청나라군이 쳐들어오자 아무런 대책 없이 당하고 만 거지요. 게다가 백성들에게 정변을 일으킬 수밖에 없었던 이유를 설명하지 않았기 때문에 백성들은 개화파가 나쁘다고 생각했지요.

궁금하다, 궁금해!

 **Q1. 명성왕후의 피난 일기가 발견되었다고요?**

A1. 임오군란이 일어난 후 51일 동안 명성왕후가 겪은 일을 적은 일기가 발견되었어요. 명성왕후는 궁궐을 나와 서울, 여주, 장호원을 거쳐 충주까지 피난을 갔지요. 일기 에는 청나라 군대가 들어왔을 때 명성왕후가 상황을 알아보라고 했다는 내용도 적혀 있어요.

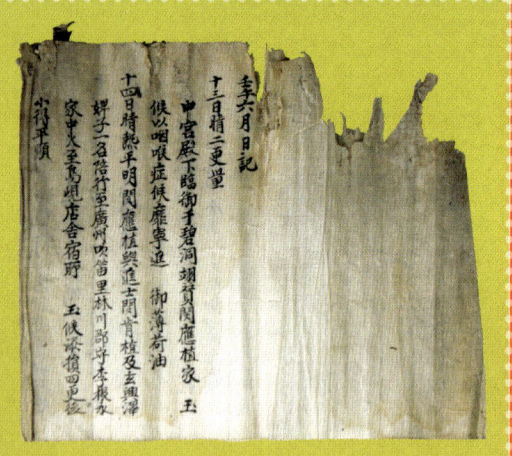

명성왕후의 피난 일기

 Q2. 제물포 조약이 뭐예요?

A2. 임오군란 이후 일본은 조선에 조약을 맺자고 요구했어요. 일본이 입은 피해를 보상받고 조선 땅에 있는 일본인을 보호하겠다는 이유에서였지요. 이 조약이 제물포 조약인데 조선은 일본에 사과하고, 보상금을 지급하며, 일본 공사관에 일본군을 두겠다는 내용이었어요.

Q3.
지금도 우정국에서 편지를 부칠 수 있나요?

A3.
 우리나라 최초의 우체국인 우정국은 2012년 8월부터 다시 우편 업무를 보게 되었어요. 1884년에 생겼다가 갑신정변으로 22일 만에 문을 닫은 지 128년 만이지요. 이곳에는 '느린 우체통'이 있는데 편지를 넣으면 1년 후에 배달한대요.

우정국

Q4.
톈진 조약은 뭐예요?

김옥균

A4.
갑신정변 이후 청나라와 일본이 맺은 조약이에요. 어느 나라가 조선에 군대를 보내면 다른 나라도 보낸다는 내용이었지요. 한반도에서 청일 전쟁이 일어나는 원인이 되었어요.

Q5.
일본으로 도망친 김옥균은 어떻게 되었을까요?

A5.
 조선 정부는 일본으로 간 김옥균을 죽이려 했어요. 일본도 그를 도와주지 않았지요. 김옥균은 결국 자객에게 죽임을 당했어요. 김옥균은 고종에게 청나라와 일본을 믿지 말고 서양 나라와 교역하면서 나라를 개혁해야 한다고 편지를 쓰기도 했대요.

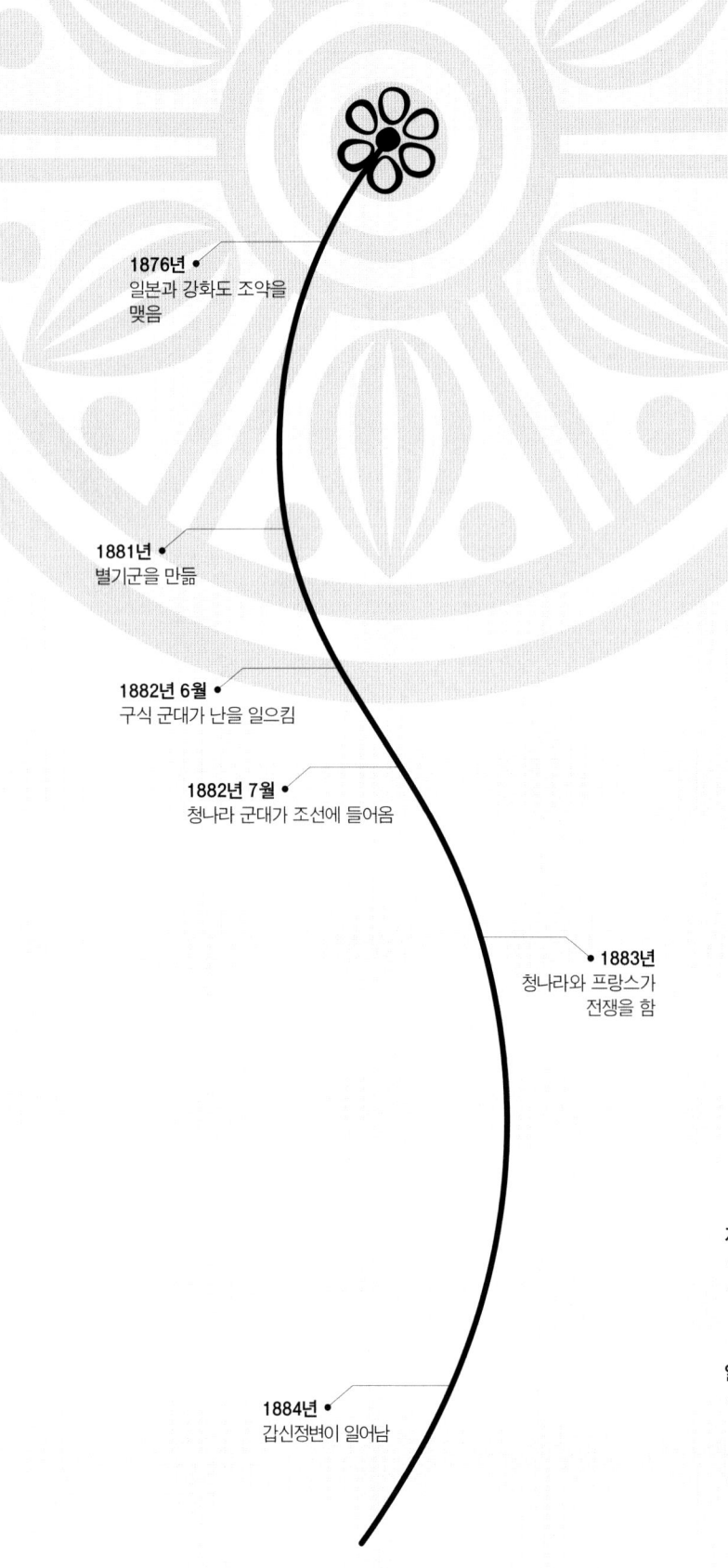

1876년
일본과 강화도 조약을 맺음

1881년
별기군을 만듦

1882년 6월
구식 군대가 난을 일으킴

1882년 7월
청나라 군대가 조선에 들어옴

1883년
청나라와 프랑스가 전쟁을 함

1884년
갑신정변이 일어남

자료 제공 및 출처
- 유로크레온, 연합뉴스, 토픽포토
- (주)이수출판은 이 책에 사용한 모든 자료의 출처를 밝히기 위해 최선을 다했습니다. 누락되었거나 잘못된 점이 있으면 알려 주십시오. 바로잡겠습니다.

일러두기
- 맞춤법, 띄어쓰기는 국립국어원에서 펴낸 〈표준국어대사전〉을 기준으로 삼았습니다.
  단, 역사 용어의 표기와 띄어쓰기는 교육인적자원부에서 펴낸 〈교과서 편수 자료〉를 따르되,
  어려운 용어는 쉽게 풀어 썼습니다.
- 외국 인명, 지명은 국립국어원의 〈외래어 표기 용례집〉을 따랐습니다.
  단, 중국 인명은 신해혁명을 기점으로 한자음과 현지음으로 나누었고,
  중국 지명은 현지음에 따랐습니다.

누리 한국사

★ 생활 문화사

시대	번호	제목
선사 시대	★01	구석기 생활 문화 | 동굴 소년 재간손이
	★02	신석기 생활 문화 | 움집 소년 큰눈이
	★03	청동기 생활 문화 | 청동 소년 번득이
고조선	04	고조선 | 단군이 세운 고조선
삼국 시대	05	신라 건국 | 여섯 마을이 세운 신라
	06	고구려 건국 | 주몽이 세운 고구려
	07	백제 건국 | 한강에 자리 잡은 백제
	08	가야 | 철로 일어선 가야
	09	백제 전성기 | 근초고왕, 강한 백제를 만들다
	★10	백제 생활 문화 | 기와 공방 일꾼 다리
	11	고구려 전성기 | 거침없이 뻗어 나가는 고구려
	★12	고구려 생활 문화 | 재주꾼 달기, 달을 쏘다
	13	신라 전성기 | 진흥왕, 한강을 손에 넣다
	14	신라 불교 수용 | 이차돈을 잃고 불교를 얻다
	15	수·당의 침략 | 수·당을 물리친 고구려
	16	삼국 통일 | 세 나라를 통일한 신라
남북국 시대	17	발해 | 크고 강한 나라 발해
	18	통일 신라 대외 교역 | 청해진, 세계와 통하다
	★19	신라 생활 문화 | 시골 소년 해련의 서라벌 여행
	★20	통일 신라 불교문화 | 수동이와 토함산 산신령
	21	후삼국 | 다시 세 나라로 나뉘다
고려	22	고려 건국 | 마음을 얻어 나라를 세우다
	23	고려 기틀 다지기 | 광종이 노비를 풀어 준 까닭은?
	★24	고려 신분과 생활 | 천방지축 고려 소녀 단이
	25	거란 침입 | 세 번의 침입, 고려의 승리
	★26	고려 대외 교류 | 벽란도에 간 아청이
	27	문벌 귀족의 혼란 | 이자겸의 난과 묘청의 난
	28	무신 정변 | 무신의 시대
	★29	천민의 난 | 이대로는 살 수 없다
	30	몽골의 침략 | 대제국 몽골의 침략을 받다
	★31	고려 불교문화 | 부처님, 형을 돌려주세요
	32	공민왕의 개혁 정치 | 원나라 옷을 벗어 던지다
조선	33	조선 건국 | 새로운 나라를 꿈꾸다
	34	조선 기틀 다지기 | 왕의 힘이 강해져야 해
	35	조선 문화 발달 | 세종은 왜 한글을 만들었을까?
	★36	조선 양반 생활 | 명나라 지도책을 선물할 테야
	★37	조선 농촌 생활 | 들돌을 들어야 일꾼!
	38	사림 정치 | 바른 소리로 나라를 이끌다
	39	임진왜란 | 온 백성의 힘으로 왜적을 물리치다
	40	병자호란 | 항복할 것인가, 싸울 것인가
	41	영조의 탕평책 | 탕탕평평, 치우치지 마라
	42	정조의 개혁 정치 | 화성에 꽃핀 정조의 꿈
	43	실학 | 쓸모 있는 학문을 연구하다
	★44	조선 후기 사회 변화 | 소예와 맹 도령
	★45	조선 후기 여성의 삶 | 언니 시집가는 날
	46	농민 봉기 | 세금에 짓눌린 농민들
	47	흥선 대원군의 정치 | 흔들리는 나라를 바로 세워라
개화기	48	조선의 문호 개방 | 조선, 항구를 열다
	49	개화기의 혼란 | 임오군란과 갑신정변
	50	동학 농민 운동 | 농민군이 꿈꾼 세상
	51	대한 제국 | 황제의 나라가 되다
	★52	개화기의 변화 | 달라진 한양이 궁금해
일제 강점기	53	을사조약과 국권 상실 | 나라를 빼앗기다
	54	항일 계몽 운동 | 나라를 지키려는 노력
	★55	일제의 경제 수탈 | 땅도 쌀도 빼앗기고
	56	3·1 운동과 임시 정부 | 대한 독립 만세!
	57	무장 독립 운동 | 독립군의 빛나는 승리
	★58	일제의 민족 말살 정책 | 내 이름은 봉구
대한민국	59	광복과 분단 | 두 개로 나뉜 한반도
	60	민주주의와 경제 발전 | 발전하는 대한민국